AF562427

RÉFLEXIONS

SUR

LE DISCOURS DU RAPPORTEUR

DE LA COMMISSION

DE LA

RÉDUCTION DE L'INTÉRÊT

DE LA DETTE PUBLIQUE.

PARIS. — ADRIEN EGRON, IMPRIMEUR
DE SON ALTESSE ROYALE MONSEIGNEUR DUC D'ANGOULÊME,
rue des Noyers, n° 37.

RÉFLEXIONS

SUR

LE DISCOURS DU RAPPORTEUR

DE LA COMMISSION

DE LA

RÉDUCTION DE L'INTÉRÊT.

PAR M. P. PÉLEGRIN.

> Affermissez votre cœur dans la droiture d'une bonne conscience ; car vous n'aurez pas de plus fidèle conseiller.
>
> *Eclésiast.*, chap. XXXVII, vers. 17.

A PARIS,

CHEZ { DELAUNAY, Libraire, au Palais-Royal ;
A. ÉGRON, Imprim.-Libr., rue des Noyers, n° 37 ;

ET CHEZ TOUS LES MARCHANDS DE NOUVEAUTÉS.

23 AVRIL 1824.

AVANT-PROPOS.

Il est des questions tellement ardues et sujettes à controverse, qu'elles se compliquent dans la discussion. Assez souvent, au fond, elles restent indécises, et si l'on les résout, tant bien que mal, c'est quelquefois par lassitude, parce qu'il faut prendre un parti; laissant au temps de justifier ou de condamner celui qui aura été adopté.

Telle n'est point celle de la réduction des rentes : elle a été comprise, approfondie, décidée dès l'abord. Avant d'être connu littéralement, une salutaire appréhension avait repoussé le projet de loi, et l'examen réfléchi de sa disposition législative a justifié, sanctionné, si l'on peut s'exprimer ainsi, l'instinct réprobateur de l'honnêteté publique.

Et le rapport de la commission est encore venu fortifier l'aversion générale.

Que la tâche d'un simple citoyen est pénible, élevant sa voix au-dessus de celle de ses compatriotes, et dans de graves débats publics interposant la faible autorité de ses opinions particulières ! Sa mission est d'autant plus difficile qu'elle est volontaire : un salutaire effroi doit retenir sa plume, et ce n'est que par l'essor évident d'une conviction intime qu'il mérite d'être absous de la témérité de son entreprise. Il doit la justifier néanmoins, par la nécessité de sa critique, la modération de son style, la sagesse de ses remarques, la force de ses argumens, le complément et l'ensemble de toutes ses preuves.

Mais de ce qu'un orateur, un homme public est investi du droit de se faire entendre du haut de la tribune législative, pense-t-on que sa mission, pour être imposée, n'en soit pas moins fondée sur l'obligation rigoureuse de satisfaire à toutes les convenances, plus exigeantes peut-être, en raison de la solennité de son caractère ? Ne doit-il pas éclaircir tous les doutes, répondre à toutes les objections, dissiper toutes les inquiétudes, anéantir toutes les allégations, détruire tous les sophismes, dégager la vérité de toutes les entraves de la critique, et enfin soustraire l'intérêt public, par la force des raisons, aux attaques spécieuses de l'intérêt particulier ?

Le rapporteur de la commission pour l'examen de la réduction, cet homme venu d'en haut pour faire entendre la parole de la sagesse, a-t-il rempli le devoir de sa noble mission ? a-t-il satisfait l'attente publique, avide de raisons, et qui ne demande qu'à être convaincue ? enfin, ce défenseur officiel du projet de loi, en a-t-il établi la nécessité sur des argumens irrésistibles? Non; la question est la même qu'avant, dégagée seulement, par ses propres aveux, de toutes les fausses raisons d'utilité publique dont on s'était complu à étayer le mérite de la mesure proposée.

Il est reconnu maintenant,

Que la baisse de l'intérêt, première raison du ministre des finances, s'obtiendrait d'elle-même, sans ou avec la réduction (1);

Que l'inconvénient pour l'Etat de racheter sa dette au-dessus du pair 100, sera, par la mesure proposée, plus imminent, puisque, dès-lors, le rachat aura lieu à 125 et peut-être à 166 (*ibid.*);

---

(1) Nous avons déjà répondu, Messieurs, à toutes ces objections, soit implicitement, soit explicitement. Nous ne vous avons pas dissimulé que créer des 3 pour 100 à 75, au lieu de créer des 4 pour 100 au pair, c'était renoncer au remboursement au pair, et s'exposer au rachat sur un pied plus cher, dans la limite de 33 fois la rente (166 à 5 pour 100). Mais en même temps nous vous avons fait voir que le prix ultérieur de ces rachats *ne dépendrait pas de la mesure proposée*; qu'il pourrait tout aussi bien *descendre* au-dessous de 75 que monter au-dessus, et enfin que l'Etat trouverait immédiatement dans l'*économie* annuelle de 28 millions une compensation certaine et surabondante de ces dommages problématiques. — *Rapport des commissaires.* (*Moniteur*, *p.* 442, *troisième colonne.*)

Que ce paragraphe excite de réflexions! Que ce mot d'*économie* est bien trouvé!

Que le déclassement des rentes et leur refoulement sur la place de Paris ou aux mains de l'étranger sont inhérens au projet de la réduction;

Que le malheur des rentiers est incontestable, et qu'il est impossible d'y remédier, par la difficulté de déterminer le degré de préjudice de chacun d'eux;

Qu'un bénéfice scandaleux est attribué aux souscripteurs de l'opération, la plupart étrangers; bénéfice avoué d'abord de 35 millions, plus leur gain éventuel par la revente;

Que la France va devenir la tributaire de l'Europe, et qu'après avoir été épuisée, comme nous l'avons dit, par le service des intérêts, elle sera abîmée pour le paiement du capital;

Que le désordre est déjà sur la place de Paris; qu'un champ vaste est ouvert à un agiotage effréné; que tout est confusion; suspension des affaires, malaise, anxiété, trouble dans les esprits, embarras dans la circulation;

Que la dette de l'Etat est enfin augmentée de 933 millions, ce que toutes les contradictions amoncelées dans le rapport, pour atténuer ce nouvel engagement, n'ont encore pu dénier;

Et que la caisse d'amortissement n'éteindra la totalité des dettes de l'Etat, dans un moindre espace de temps, qu'en raison de la soustraction aux rentiers d'une somme de 28 millions de rentes : soustraction appelée économie dans le vocabulaire fiscal ; mais spoliation dans le dictionnaire vulgaire des créanciers.

Il n'est donc plus nécessaire d'écrire de nombreuses pages pour confirmer ce qu'on avoue, et pour frapper de réprobation un projet sur lequel, plus que jamais, tout le monde jette anathême.

Et la discussion, depuis le rapport, est ramenée à ses deux termes les plus simples :

1°. Droit de remboursement encore en litige, mais ne tenant plus que par un mot sans conséquence à une loi de Robespierre.

2°. Bénéfice annuel de 28 millions, balancé et même surpassé par le surhaussement annuel du taux auquel opérera l'amortissement, et cette singulière conversion d'un bénéfice en une perte, obtenue au prix de la spoliation des rentiers, de la confiance perdue, du transport de nos rentes aux mains de l'étranger, du bouleversement des capitaux, du blâme général, de la ruine et de l'exaspération des uns, du malaise, de l'anxiété, de la déception de tous.

Déjà des réfutations victorieuses apparaissent de toutes parts contre cet insidieux rapport. Entré des premiers dans la carrière, notre devoir est d'y revenir : notre tâche serait incomplète, si nous ne saisissions les nouvelles armes que l'orateur obligé de la mesure nous fournit contre lui-même.

CHAPITRE PREMIER.

Droit de Remboursement non éclairci.

Le rapporteur de la Commission n'a point résolu la principale difficulté, le point de droit quant au remboursement; il est plus que jamais en litige : que dis-je? ce droit qu'on voudrait obtenir, n'est plus qu'un misérable lambeau attaché par un fil imperceptible à une loi de 93; à une loi informe de la terreur précursive de toutes les lois de spoliation; à une loi signée *Robespierre*, dont toutes les dispositions, comme on va le voir, sont tombées dans un oubli profond, et sont, de plus, en complète opposition avec le nouveau système qui régit la matière.

Avant de se mettre sous la protection de cette loi de 1793, le rapporteur de la Commission invoque d'abord un Édit royal du mois d'avril 1763; mais ses termes, qu'il ne cite point, n'ont pas le moindre rapport au cas actuel : c'est déjà dit, et par nous, et par tous les écrivains. A cette époque, si éloignée de notre temps, le Gouvernement n'empruntait que des capitaux déterminés : ce qui renverse la question, ou plutôt empêche qu'elle n'en soit une, puisqu'alors le remboursement ne serait plus contesté que sous le rapport de l'intérêt public, et il y aurait encore mille raisons pour ne pas l'accorder !

Mais, à cette époque qu'on invoque, les rentes perpétuelles n'étaient pas remboursables entre particuliers : or, si le Gouvernement veut se placer sous l'empire de cette législation éloignée, il faut donc qu'il renonce à celle du Code Civil, que le rapporteur allègue un peu plus bas.

Mais, de bonne foi, est-il admissible de recourir à une disposition si ancienne, au mépris d'autres dispositions nouvelles toutes opposées? N'est-il pas fastidieux de disputer sur de pareils titres, et n'est-ce pas une légèreté prodigieuse d'engager une Chambre Législative à une mesure spoliatrice, sur un Édit prescrit, qui ne régit plus la matière dont il s'agit?

Rien ne serait à l'abri d'un bouleversement, si les conventions les plus positives, les usages les plus constans, pouvaient être méconnus et soumis de nouveau à l'influence des anciennes lois tombées en désuétude. Déchirons le Code alors; fuyons dans la profondeur des déserts inhabités : car de lois en lois, d'influence en influence, nous remonterions jusqu'aux simples, mais insuffisantes lois de la nature.

Cet Edit n'est point applicable aux rentes actuelles : qu'il soit déposé sur le bureau de la Chambre, et l'on verra que ses dispositions leur sont expressément étrangères.

Venons à la loi de 1793.

Il y a de la hardiesse, plus que de la hardiesse, à citer, devant une assemblée de Députés de la France, d'une nation éminemment spirituelle et amie des convenances, pour s'autoriser à dépouiller les faibles, une loi de 1793! de fouiller dans cet arsenal horrible des lois de la terreur, pour en exhumer une loi de Robespierre! Une loi de 93! année d'horreur, où la terreur fut portée à son comble; où le désastre de la famille royale fut consommé, la religion proscrite, et les malheurs de la France proclamés à la face de l'Europe épouvantée!!!

Sans doute, devant quelques tribunaux, presque à huis clos, en l'absence d'autres textes, on cite, on applique des lois rendues en ces temps horribles : mais, nous le répétons, c'est un texte positif qu'on invoque alors; une disposition nécessaire, régulatrice du cas; un texte non prescrit, parce qu'il n'en existe pas d'autre.

Mais l'horreur qu'inspire toujours la mémoire de ces temps sinistres, expire à la porte du temple de la Justice. Elle ne se communique point au dehors, elle ne soulève point l'indignation publique, ne remue aucune douleur; elle meurt, et ce n'est qu'un son qui frappe d'effroi un instant, mais s'éteint presque aussitôt.

Mais du haut d'une tribune législative, devant les victimes encore vivantes de ces temps de fureur, explorer ces pages de folie, et les explorer sans nécessité !

Sans nécessité ! oui. Cette prétendue loi renferme deux ceux cent vingt-huit articles, dont le texte n'a pas le moindre rapport à la question qui nous occupe, et qui même prouve explicitement que nous ne sommes plus sous son empire.

Nous lisons :

At. 32. Toute la dette publique sera assujétie au principal de la contribution foncière;

Le paiement de cette contribution sera fait par retenue sur la feuille du paiement annuel de la dette publique.

Art. 164. La déclaration (de transfert) soit devant le juge-de-paix, soit devant un notaire, sera enregistrée, dans les dix jours, par le receveur de l'enregistrement, et il sera acquitté deux cinquièmes du montant de l'inscription sur le grand-livre qui aura été cédée.

Art. 170. Les transferts ou mutations provenant desdits jugemens seront soumis au droit d'enregistrement mentionné en l'art. 164.

Voilà deux dispositions tellement contraires à la

lettre et à l'esprit des lois qui régissent depuis trente ans notre dette publique, que, nous osons l'assurer, leur seule présence entacherait de *nullité* toute la loi, s'il y avait dans son texte quelque chose de précis qui eût réservé, en effet, la faculté du remboursement. Car, remarquons, cette disposition textuelle ne serait pas de celles qu'on peut scinder, retrancher sans altérer la force des autres articles. Ces deux dispositions fiscales annoncent qu'alors, encore, notre dette publique était sous le régime d'une législation toute contraire à celle qui la gouverne actuellement. On regarderait aujourd'hui comme monstrueux et déviatoire de la foi promise, cet assujétissement aux contributions de rentes acquises à titre onéreux et résultant d'un contrat consenti de gré à gré et à des conditions déterminées.

Cette loi donc, dans son esprit général, n'est plus applicable au grand-livre actuel de la dette publique.

Mais ces art. 185, 186, 187 et 189, que le rapporteur a si bien trouvés, indiqués, mais non cités, sont donc au moins favorables au remboursement de la dette publique?

Eh! non, pas une ligne, pas une phrase, pas une de leur disposition n'indique, ni pour le présent ni pour l'avenir, cette faculté de remboursement.

Citons.

185. Il pourra être formé sur les objets compris dans le *grand-livre* de la dette publique, deux sortes d'oppositions : les unes, sur le remboursement ou l'aliénation de la propriété ; les autres, sur le paiement annuel.

186. Les oppositions sur le remboursement ou l'aliénation de la propriété ne pourront arrêter le paiement annuel, de même celles sur le paiement annuel ne pourront gêner le remboursement ou l'aliénation de la propriété.

187. Les oppositions sur le remboursement ou l'aliénation de la propriété, quel que soit le lieu du paiement annuel, ne pourront être faites qu'entre les mains des commissaires de la Trésorerie nationale, au bureau établi par la loi du 19 février 1792. Celles sur le paiement annuel seront faites entre les mains du payeur chargé d'en acquitter le montant.

189. Les oppositions qui seront faites à la Trésorerie expliqueront clairement si elles sont relatives au remboursement ou aliénation de la propriété, ou si elles frappent seulement sur le paiement annuel, ou enfin si elles portent sur les deux objets ; faute de cette désignation précise, l'acte d'opposition ne sera pas visé, et sera comme non avenu.

On voit dans ces articles, qui ne concernent que le rapport des particuliers entre eux, que le mot de remboursement qui s'y est glissé sans autre prévision, y est dans un rapport synonymique avec le mot aliénation, et la conjonction optative, alternative qui les lie, montre évidemment qu'ils sont mis là l'un pour l'autre, et que si, à toute force, on veut absolument en tirer une prévision, cette prévision est là actuelle, et ne se rapporte qu'aux articles du titre suivant (1) qui traite de la libération de la dette publique en échange de biens nationaux : c'est ainsi que le mot remboursement a son application directe. En effet, échanger la rente qu'on possède contre un bien quelconque, c'est bien en être remboursé, et on a dû préviser ce cas indiqué dans la loi, afin que le créancier du titulaire de rentes pût s'opposer à cette disparution d'un meuble en échange d'un immeuble.

Il est impossible, sans recourir à un sens forcé, de tirer une autre conséquence de cet emploi du mot remboursement; et certes, voir là une pré-

(1) § XLV, *De l'Admission de la Dette publique en paiement de domaines nationaux à vendre.*

Art. 195. La dette publique sera admise, après son enregistrement sur le grand-livre, pendant l'année 1794, en paiement des domaines nationaux adjugés après la publication du présent décret, à la charge par ceux qui voudront jouir de cette faculté, de fournir en même temps pareille somme en assignats, ayant cours de monnaie.

vision d'une faculté actuelle pour le Gouvernement, c'est sacrifier les pauvres rentiers à une disposition bien imperceptible.

Je demanderais à tout magistrat, s'il oserait, sur une pareille autorité, condamner, non pas un particulier envers un autre particulier, mais deux cent mille familles envers le Gouvernement.

Mais encore un coup! dans votre sens, quelle loi et quelle prévision? La loi de Robespierre, la prévision de Robespierre! prévision du Démon! prévision de la mort, de la confiscation, du remboursement en assignats! Oui, prévision funeste qui a amené la banqueroute des deux tiers sous le Directoire! et c'est sur cette fatale prévision, que vous voudriez fonder votre droit de réduction! quelle filiation pour une réduction! et que la conséquence est bien déduite d'invoquer la spoliation d'un cinquième sur une prévision de la banqueroute des deux tiers!

Voilà donc les titres qu'on exalte à l'appui du droit de remboursement! Qui osera, maintenant qu'ils sont connus, appréciés et réduits à leur juste valeur, les appliquer au cas actuel, et le pourra-t-on sans froisser toute justice, sans éteindre toute clarté, sans choquer toute bienséance?

Et à ce sujet n'est-il pas surprenant d'entendre le rapporteur de la commission relever l'évaluation des diverses banqueroutes de l'Etat, et comme si leur énormité était un titre, un exemple pour en faire une autre, s'écrier : on ne hasarde rien, Messieurs, en évaluant toutes ces faillites réunies à 8 ou 9 milliards !

L'induction tirée du capital de 100, exprimé dans l'inscription, serait spécieuse, si le mot *consolidé* ne s'y trouvait joint longues années avant la création des emprunts nouveaux; et si le système dans lequel ils ont été réalisés et le taux de la rente, susceptible d'un cours indéterminé, ne montraient avec évidence que ce pair de 100 n'est là que pour un terme de comparaison (1).

Nous ne pouvons comprendre ce que le rapporteur entend par l'énonciation, dans le contrat, de trois quantités, savoir : «La somme reçue du prêteur, la rente promise et le capital nominal;» d'où il tire l'induction du remboursement. L'inscription des cinq pour cent n'exprime que la rente due et rien de plus; les mots cinq pour cent ne sont là que comme titre, appellation. Ils sont en tête de chaque inscription, et rien n'y indique le capital prêté. Nous tirons de cette forme l'induction toute contraire à celle du rapporteur.

On répète toujours : « Mais est-ce manquer

---

(1) Un pair nominal et rien de plus, comme le dit le rapporteur.

« à la foi promise, que de rendre 100, à qui n'a donné que 60, que 80, que 90 »? Vous voyez déjà que vous tombez dans le vague, dans l'arbitraire, puisque vous rendez en sus, beaucoup à l'un, moins à l'autre, peu à celui-ci. Mais considérez que si votre raisonnement était admis, il vous serait également permis de rembourser les rentiers, au cours moyen de tous les emprunts contractés, car ne pourriez-vous pas dire aussi : « Est-ce manquer à la foi promise que de rem-« bourser exactement le capital reçu, ayant payé « surtout un intérêt exorbitant. *La justice distri-« butive en serait choquée!* diriez-vous ». Mais l'est-elle moins envers cette foule de rentiers dont vous reconnaissez le droit à une commisération stérile?

Nous n'avons donc rien à ajouter, à cet égard, à ce que nous avons fait remarquer dans notre premier ouvrage, touchant le cours de la rente, qui n'appartient plus à personne, soit qu'il s'abaisse, soit qu'il s'élève. C'est là le nerf du système de nos emprunts et de nos finances; et il faut bien s'en pénétrer, c'est là que réside le germe fécond de la prospérité publique. L'Etat y trouve la mesure de son crédit, la baisse graduelle de l'intérêt sa racine. Le cours pouvant s'élever à un taux indéfini, c'est un moyen de connaître la marche de l'intérêt de l'argent, et de pouvoir ensuite, en fixer le taux légal. Admettez un capital remboursable, et dès-lors, l'intérêt se trouve arrêté au taux déterminé par ce capital. L'expérience du jour le démontre : tant que le remboursement sera possible, la rente actuelle rapportera cinq pour cent. Ainsi, non-seulement, il est illégal de le proposer, mais il est impolitique de l'admettre.

Nous montrerons ailleurs que la circonstance, à l'aide de laquelle il est possible, le rend encore plus monstrueux, et fait ressortir davantage son iniquité.

Il vous reste donc l'article 1911 du Code Civil. Nous venons de sortir du droit politique qui vous refuse le remboursement. Nous avons prouvé, il nous semble, que c'est le seul régime applicable, et que le droit commun nous est étranger.

Mais enfin, comme nous l'avons déja dit, si c'est votre refuge, en retirerez-vous une solution plus favorable? En matière de contestation, est-ce dans l'ordre que la partie, sans autre recours, s'applique elle-même le bénéfice d'une disposition qui lui semble favorable? Que va-t-il résulter, s'il est reconnu que le Code Civil doit régler la contestation survenue entre le Gouvernement et les créanciers, sinon que les tribunaux compétens doivent en connaître?

Ainsi, voilà la mesure proposée, tombant des

attributions législatives, portée à la décision des magistrats! Les rentiers acceptent cette manière légitime de procéder; car comme on vient très-à-propos de le faire observer dans le...... le Législateur qui a fait la loi, n'a pas la faculté d'en faire l'application (1).

On prouvera alors en justice, que le remboursement est inopportun, insidieux, captieux, un vain prétexte pour défaire un contrat et convoler à un second soi-disant plus avantageux. On prouvera qu'en l'absence d'une convention textuelle nécessaire, il faut accorder un délai qui n'a pas été déterminé; que ce délai, vu l'importance, le nombre, l'immensité des prêteurs, ne saurait être moindre de plusieurs années, même de dix ans, terme qu'on a le droit de stipuler à l'égard du remboursement d'une rente perpétuelle entre particuliers. Voilà pour la possibilité qu'on admette le remboursement; mais il sera contesté victorieusement par la nature toute particulière du contrat des rentes; par la non réciprocité des obligations de ce contrat, en ce qui touche le rem-

(1) Ce principe est reconnu expressément par le rapporteur de la Commission. Voici ses propres paroles : quand le Gouvernement fait avec les particuliers des transactions analogues à celles qu'il fait entre eux, il *devient un contractant ordinaire, et subit la loi de tous.*

boursement, puisque ne pouvant être exigé, il en résulte nécessairement qu'il ne peut être offert. Enfin, les tribunaux examineront toutes les clauses, toutes les conséquences de ce contrat aléatoire, et prononceront entre les réclamations modérées de deux cent mille rentiers membres de la nation, et les prétentions impolitiques d'un Gouvernement qui s'en sépare violemment, sans aucune espèce de nécessité.

Et, dans le considérant, ils termineront ainsi :

Vu qu'il a été pourvu par l'amortissement au rachat de la dette publique.

« Vu surtout que l'Etat n'a pas le premier franc « pour un remboursement si considérable; d'où « il résulte évidemment que l'offre qui en est « faite, n'est qu'un moyen fallacieux d'obliger « les rentiers au consentement d'une réduction « illegitime. »

Déboutons.......

et condamnons l'Etat aux dépens......

CHAPITRE II.

Bénéfice de vingt-huit millions.

En finances les centimes font des millions. Nous voulons exprimer que ces 28 millions seront inaperçus par les contribuables, si on devait les en décharger immédiatement, tandis que l'extorsion faite aux rentiers ouvrira autant de plaies qu'il y aura de parties froissées.

Le principe de remplacer une charge pénible à quelques-uns par une redevance minime insensible à tous, est vivant dans nos lois de finances; c'est ce qui a fait établir les impôts indirects, et principalement ceux sur le sel, sur le tabac, sur les vins, etc.; c'est ce qui a fait abandonner la retenue sur les salaires publics et restreint l'extension de la contribution personnelle et mobilière dans les limites qu'elle aurait bien pu dépasser; c'est, enfin, ce qui a fait proscrire totalement les taxes somptuaires.

Cet inconvénient de la réduction proposée de froisser considérablement des intérêts particuliers pour en étendre le bénéfice sur la généralité de la nation, dégoûte visiblement tous les gens sensés, d'un jugement droit et d'un caractère modéré ; et si quelque ombre de justice en excusait la rigueur intempestive, que chaque contribuable éclairé et de bonne foi réponde, et l'on verra si, pour une diminution de quelques centimes, au plus de quelques francs (1), l'opinion est favorable à une mesure qui trouble au plus haut point la fortune et la tranquilité publiques.

La Chambre éminemment éclairée, jugera si ce premier motif d'utilité publique peut être pris en quelque considération.

Il a été répondu d'avance au prétexte de favoriser l'agriculture, l'industrie, en faisant baisser l'intérêt de l'argent. Tout a été dit et par les adversaires du projet et par les partisans. Cette raison vague n'aura point de réalisation ; les capitaux ne manquent point à l'agriculture, à l'industrie. Notre opinion serait, si nous osions l'énoncer

---

(1) Cette somme de 28 millions donne 91 cent. par âme. Le taux général des contributions en France étant de 30 fr. environ, c'est un trente-sixième sur chaque contribuable. Mais comme les contributions directes ne sont que pour un tiers dans la masse totale, la diminution serait tellement insensible, qu'elle ne s'élèverait qu'à quelques centimes dans les basses cotes, et à quelques francs dans les plus élevées.

sans le prouver, que le malaise général vient d'une cause contraire, et de ce que ces deux mamelles de l'Etat donnent peut-être plus de produits qu'on n'en peut visiblement consommer.

Quant à la baisse de l'intérêt sur laquelle le Ministre a été forcé de convenir qu'elle était indifférente à la mesure actuelle, que les propriétaires sachent bien que plus de capitaux disponibles dans les mains des grands ou petits capitalistes, ne diminueront pas d'une obole le taux en usage dans les provinces, et à cet égard, voici un fait frappant et que je suis surpris de ne voir énoncer dans aucun ouvrage relatif à la discussion actuelle.

C'est que depuis plus de 25 ans, l'inoccupation ou l'abondance des capitaux surabondans dans les villes de Marseille, de Bordeaux, de Lyon, de Paris, ayant fait baisser l'intérêt dans ces places jusqu'à 3 et 2 et demi pour cent, l'intérêt hypothécaire, néanmoins, a toujours été le même, à 5 en apparence, mais à 6 en réalité, et que tandis qu'un négociant à Marseille, par exemple, prend du papier à moins de 3 p. 100 l'an, il refuse de le prêter sur hypothèques à 6 p. 100, et qu'à partir des faubourgs jusqu'à l'extrémité du même département, l'intérêt n'est pas moindre de 6 p. 100.

Ainsi, d'une part, l'intérêt de l'argent ne baisserait pas en raison directe de cette mesure; et d'autre part, la réalisation des capitaux provenus du remboursement ne changera ni plus ni moins la valeur des terres dans les départemens, qui suivent toujours le prix de la localité (1).

Mais ce qui est plus positif, c'est que l'embarras subit où vont se trouver une foule de gens, et surtout le déclassement total des rentes dans les départemens, diminueront l'aisance générale, et partant la circulation et la consommation des denrées. Et il ne doit pas être perdu de vue, sur cette prétendue prospérité publique qui doit résulter, dit-on, de la réduction de l'intérêt et de la décharge pour le trésor de 28 millions par an, que l'effet de l'aisance générale et de l'abondance des capitaux provient précisément de la création de plus de 130 millions de rentes en moins de huit ans. Voilà la véritable cause de cette abondance et de cette activité de la circulation. Il est clair

---

(1) . . . . Si donc nous suivons les conséqueuces de ce principe, nous comprendrons qu'il n'existe aucun motif pour faire que le prix des créances publiques ne puisse excéder de beaucoup même le prix des terres. . . . .

Mais dans le second cas, la facilité du transfert et d'une prompte conversion des valeurs sur la place, en supposant le crédit bien établi, fonde une supériorité marquée sur la terre elle-même. . . . .

Etat de l'Angleterre, 1823. Pag. 29.

que les choses doivent rentrer dans leur état ordinaire par l'épuisement successif des rentes par l'amortissement ; mais cet effet sera lent et il doit l'être pour ne pas être funeste, tandis que votre mesure l'accélère. Cette observation sur la richesse momentanée, provenant de la multiplicité des emprunts, n'a point échappé à la sagacité des Anglais ; on en apercevra, sous dix années, la preuve en France, si aucune autre création, pour des besoins du Gouvernement, ne vient renouveler une masse de capitaux et de revenus épuisés par l'amortissement.

A ces raisons plausibles de détresse publique occasionée par la réduction, il faut ajouter, quoique nous l'ayons déjà dit dans notre premier ouvrage, ce vide de 25 millions de rentes distribuées dans tous les départemens. Dans un moment où les biens-fonds sont improductifs par le bas prix des denrées, ce vide sera encore plus funeste. Ainsi les provinces, loin d'y gagner, y vont perdre sensiblement : car de quel inconvénient leur imagination peut-elle être effarouchée journellement, si ce n'est de cette somme énorme de 238 millions versée annuellement, presque en totalité à Paris ? Le casement des rentes chez elles y apportait au moins, chaque jour, un adoucissement. N'est-il pas évident qu'elles ne vont plus y participer, au moins de ce huitième, et que c'est autant de plus de sacrifié par elles à l'embonpoint de la capitale? Mais, dira le ministre, qu'elles gardent leurs rentes en acceptant des 4 pour 100; c'est la réponse faite par le rapporteur à la même objection du transport à l'étranger. « Le remède est « simple, dit M. le rapporteur : gardons-les; le « Gouvernement nous en donne le moyen par « l'option qu'il laisse à tous ses créanciers. » Que chacun applique à cette répartie gasconne ou normande l'épithète plus forte qu'elle mérite; quant à nous, nous ne nous permettons pas de la qualifier plus acerbement.

Nous avons montré l'inconvénient de la mesure, relativement aux particuliers en général : il ne sera pas plus difficile d'exposer son inutilité et même son mauvais effet à l'égard du trésor public et de l'administration des finances.

Séparer l'intérêt du trésor de celui de l'Etat en général, et l'embonpoint de l'administration des finances de l'aisance des particuliers; faire nager celle-là dans le vaste champ des facilités, et retenir ceux-ci dans les entraves d'une situation pénible, c'est oublier que la partie est faite pour le tout et perdre de vue que la richesse du Gouvernement ne provient que de celle du royaume.

Le but de la réduction, le but ostensible avoué

maintenant, est d'avoir encore 28 millions de plus d'excédant de la recette sur la dépense. En profitera qui pourra. On y avisera peut-être un jour; en attendant, tant pis pour les rentiers. Le Trésor nagera dans l'abondance, et il pourra se livrer aux prodigalités impunément. N'est-ce pas là visiblement la pensée, le discours du ministre? Donne-t-il quelque motif pressant, spécieux au moins de cette réduction?

L'ennemi est-il là et 600 millions sont-ils nécessaires pour courir aux premiers apprêts de la défense? Une contribution nouvelle nous est-elle imposée, ou faut-il en avouer une secrète jusqu'alors? ou bien les Français renoncent-ils tout-à-coup à payer la somme annuelle portée au budget des recettes, et un déficit nous menace-t-il de sa sinistre perspective? Encore, dans ces hypothèses, chacun se récrierait sur l'injustice de faire porter le fardeau à quelques-uns au lieu d'en répartir le poids sur tous. Voilà pour l'inconvenance de la réduction!

D'un autre côté, le Trésor regorge-t-il de quelques cinq centaines de millions provenus je ne sais d'où? le sein de la terre s'est-il ouvert pour lui, et une mine d'or vierge lui présentera-t-elle ses riches filons? ou enfin, un remords équitable se fait-il entendre aux gouvernemens européens et nous offrent-ils de nous rendre tout-à-coup intérêt et capital du milliard que nous a coûté la deuxième invasion? Non. Je ne vois rien de tout cela, et pas cent mille francs sans emploi dans le Trésor, et grâce à une prévision en défaut, l'année 1825, malgré un boni considérable sur les recettes, sera soldée avec un revirement de fonds; c'est-à-dire avec une augmentation du passif des caisses. Voilà pour la monstruosité du remboursement!

Nous dirions : le ridicule de cette opération saute aux yeux; mais sa face oblique ne fait rire personne, et de quelque côté qu'on l'envisage, on est atteint ou par la réduction ou par le remboursement, ou plutôt celui-ci n'est qu'un mensonge pour attirer dans le piége de l'autre.

Mais, et c'est probable, cette déception va tourner contre le gouvernement lui-même, ou plutôt contre la France, et nous allons le prouver : plus il y aura de rentiers qui accepteront le remboursement, et plus il passera de rentes à l'étranger. C'est là le pire effet de la mesure. Nous ne voyons pas que cette raison inquiète beaucoup les esprits en général; pour nous, c'est celle qui nous effraie singulièrement, et nous ne concevons pas comment on ne recule pas devant cette idée que nous allons payer annuellement cent millions aux étrangers! Quelle balance funeste! et quel commerce extérieur pourroit y suffire!

La Chambre des députés, sans doute, ne sanctionnera pas une si grande faute d'économie politique.

Le ministre ne s'inquiète nullement d'atténuer ce reproche fondé, et il n'est point question de cet inconvénient notable, soit qu'il n'y ait pas de réponse à y faire, soit qu'il croie utile de n'y pas ramener la réflexion; car il n'est pas présumable qu'un effet aussi grossièrement visible de la mesure n'ait pas frappé son attention. Nous l'avons signalé particulièrement dans notre ouvrage, et nous y revenons encore, parce que c'est là le vice capital de l'opération.

Le rapporteur s'élève seulement contre l'objection que les étrangers retireront leurs capitaux après les avoir apportés. L'objection est insoluble, en ajoutant surtout qu'ils se retireront avec un bénéfice. M. Masson comme triomphant, dit : « on « peut d'abord répondre qu'il y a contradiction « dans ces reproches : car si ce doit être un mal « que ces capitaux se retirent, c'est donc un bien « qu'ils arrivent. » La contradiction est visiblement dans ce dire du rapporteur, qui ne se met pas en peine de ses paroles. Pour les adversaires, il est clair qu'il ont raison de dire, tout à-la-fois, que c'est d'abord un mal que les étrangers emportent nos rentes, car, ce n'est qu'à ce titre onéreux qu'ils nous apporteront leurs capitaux, et qu'ensuite ce sera un autre mal quand ils les retireront, puisqu'ils ne le feront qu'avec un bénéfice. Ou il y a de l'entendement dans les esprits, et alors la contradiction est toute du côté du rapporteur; ou il y a renversement dans les idées, si ce raisonnement des adversaires n'est pas le seul juste, et le seul admissible.

L'objection insurmontable est donc que les étrangers posséderont nos rentes, et c'est alors que le rapporteur fait cette belle réponse rapportée ci-dessus.

Le rapporteur s'évertue ensuite à atténuer l'augmentation du capital de la dette, et à prouver que cette augmentation ne ralentira pas la marche de l'amortissement. Et c'est ici qu'il est entraîné à désavouer tous les motifs qu'on avait mis en avant d'abord pour faire goûter la mesure; baisse de l'intérêt, libération de l'Etat, etc. Il tourne péniblement autour de toutes les objections, pour donner ce résultat que le Trésor va gagner 28 millions par an; résultat d'une évidence niaise, et qui est justement le point refusé. C'est dire en propres termes à un créancier : essayez que je vous retienne 1000 fr. sur 5000 fr., et vous verrez si je ne gagne pas 1000 fr.

Et à ce sujet, comme si ce n'était pas assez de deux ou trois paragraphes dérisoires, on publie à part, dans les feuilles officielles, quatre colonnes de chiffres représentant l'effet de l'amortissement sur 140 millions de rentes, et sur 112 millions seulement avec la réduction; d'où l'on conclut savamment que les 112 millions seront éteints plutôt que les 140.

Belle conclusion! et digne de l'exorde.

Disons, avec plus de décence et de raison, que si les 5 pour cent augmentent, l'amortissement sera ralenti d'autant, et qu'au cours de 75, il y a déjà parité entre l'amortissement de 112 millions et celui de 140 au pair de 100; disons que sans l'enfantement de cette monstrueuse opération, les 5 pour cent ne seraient pas encore au pair, et qu'ils ne l'auraient pas dépassé de beaucoup de plusieurs années. Disons donc que, mathématiquement, l'Etat va, par l'opération, perdre annuellement, plusieurs dizaines de millions, et que l'amortissement sera ralenti de toute la hausse forcée que le Ministre a mal à propos provoquée, qui est de 25 pour cent d'abord; et que de plus, avec ce beau moyen d'appeler à grands cris les étrangers, l'Etat, en cas de hausse, sera réellement obligé de solder le milliard dont il se déclare débiteur de plus que sa dette actuelle.

Il nous reste un point bien important à éclaircir, et sur lequel on passe, il nous semble, avec un peu de légèreté : c'est celui de la situation actuelle de la Caisse d'Amortissement.

Dès que le Ministre a manifesté l'intention de

soustraire 28 millions aux rentiers, mille cris se sont élevés de suite, et chacun de dire : prenez-les plutôt sur la Caisse d'Amortissement. Ce premier avis du bons sens a été adopté par la réflexion. Sans doute, malgré que, dans notre premier ouvrage, nous ayons proposé nous-mêmes un retranchement de 20 millions sur ladite Caisse, nous préférerions qu'on la laissât encore avec ses élémens puissans d'amortissement; mais, dans le besoin quelconque d'une diminution sur le budget des dépenses, il est évident que c'est le moyen le plus simple de l'obtenir. Le Ministre n'a répondu qu'évasivement à cette proposition. Elle est si naturelle que nous ne concevons pas, ou plutôt que nous concevons l'obstination qu'on met à l'écarter.

Jetons un regard sur cette Caisse. Dotée d'abord de 14 millions par an dès le retour aux bons principes en 1814; on ne tarda pas, en 1816, après la seconde invasion, de s'apercevoir que ce moyen allait devenir insuffisant dans la prévoyance des nombreux emprunts qu'on allait être obligé de contracter. La dotation fut donc portée à 40 millions par an, et on y ajouta la propriété et la vente de cent cinquante mille hectares de bois présumés devoir rapporter 120 millions, réalisables en un certain nombre indéterminé d'années. Supposons dix ans, (c'est le nombre en effet pendant lequel les bois seront tous vendus, et le prix épuisé), voilà 12 millions ajoutés à la dotation ci-dessus. Total, par an, 52 millions. Remarquons que la fixation à cette somme a été jugée suffisante à la veille d'emprunts immenses, dont la prévision connue n'était pas moindre de 120 à 130 millions de rentes, ou 15 à 18 cent millions de capital, au faible cours de 70.

Or, cette dotation de 52 millions a répondu à l'attente du Gouvernement. 33 millions de rentes ont déjà été achetées, et l'effet de l'amortissement a élevé le crédit public au plus haut point de prospérité qu'on pouvait attendre dans un si petit laps de temps; le cours s'étant élevé de 52 à 90 francs, et dépassant le pair aujourd'hui.

Comment se fait-il donc, qu'ayant fermé la gouffre immense des dettes arriérées, suffi aux contributions de guerre, fermé enfin la carrière dangereuse des emprunts, on reçoive avec dédain la proposition de réduire l'amortissement à 55 ou 60 millions? Nous concevons, à ce sujet, des doutes que nous allons exposer avec une réserve patriotique dont nous croyons avoir fait preuve.

Le *Moniteur*, dans son premier article officiel, a considéré l'amortissement comme une garantie inviolable du gage des rentiers, et si on a jugé cette réponse une déception à leur égard, puisqu'on veut, dès à présent, leur imposer un sacrifice, il n'en est pas moins vrai, qu'en effet, l'amortissement a pu être une condition des emprunts faits jusqu'à présent : nous demanderions dans ce cas, quelle est l'étendue de cette condition, et si le Gouvernement est libre, ou non, de la limiter?

Et partant de cette circonstance, nous demanderions encore si quelque clause pareille, comme article secret, ne serait pas introduite dans le traité fait entre le ministre et les banquiers souscripteurs de la négociation des 3 p. 100? Il est permis de le penser, et il est plus que nécessaire de s'en assurer; car nous aurions par là la clef de l'opiniâtreté qu'on met à repousser toute proposition d'amoindrir les moyens de la Caisse d'Amortissement.

Nous pensons donc que la Chambre ne saurait prendre un parti, sans avoir cette information. Si la clause existe, ce sera une raison de plus pour repousser un traité onéreux; si elle n'existe pas, pour n'y donner aucune suite; une amélioration dans le système de notre dette, pouvant s'obtenir bien plus facilement et plus naturellement par cette suppression d'une partie de l'Amortissement. 20 millions seraient le maximum de la diminution : il serait préjudiciable d'aller au-delà.

Telles sont les nouvelles réflexions que le discours hostile du rapporteur de la commission nous a suggérées. Le rapport n'a rien ajouté de plausible au premier article du *Moniteur*, ni aux raisons alléguées dans le discours de Son Excellence Monseigneur le ministre des finances. Le public s'est affermi dans le premier jugement qu'il a porté de la mesure proposée, et l'aversion qu'il en éprouve s'en augmente visiblement chaque jour.

La discussion, à la Chambre des Députés, apportera sans doute de nouvelles lumières sur une matière si importante; et si les avantages de la réduction sont aussi peu solides que ses inconvéniens sont injustes et désastreux, espérons que les Députés des départemens en feront justice par un rejet salutaire qui ramènera le calme dans les esprits, et dissipera des préventions bien impolitiquement suscitées.

FIN.

La réflexion nous rend encore plus indispensable l'amendement que nous avons proposé dans notre ouvrage précédent, en cas que la réduction fût adoptée; il obvie efficacement à sa dureté à l'égard de certains rentiers. Quant à notre plan de finances, la réflexion nous le fait également rappeler à l'attention publique.

Paris. — De l'Imprimerie d'A. EGRON, rue des Noyers, n° 37.

www.ingramcontent.com/pod-product-compliance
Lightning Source LLC
LaVergne TN
LVHW020257230826
846091LV00006B/2458
9782011767073